ABC de la bestoj

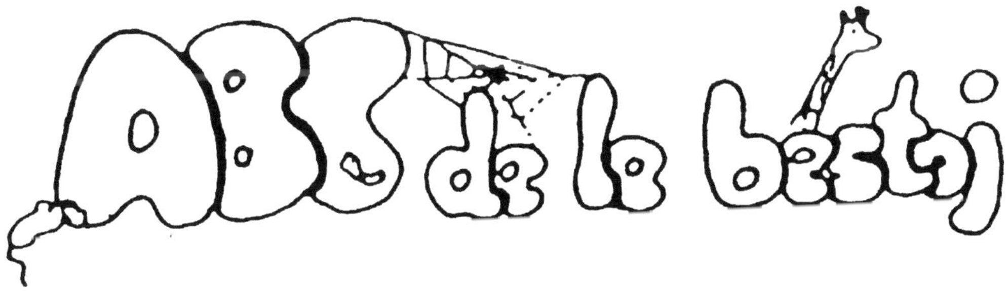

Ein Esperanto-deutsches Rate-Bilderbuch

Illustrationen
von
Guido Brandenburg

Esperanto-Verse
von
Manfred Retzlaff

Herausgegeben und für die Übertragung ins Deutsche
bearbeitet und zusammengestellt
von
Barbara Brandenburg

Überarbeitung der deutschen Reime
von
Heike und Ulrich Brandenburg

Korrekturen
von
Margret und Willi Brandenburg

Beratung bei der Umsetzung
Jens Brandenburg

Herstellung:
Books on Demand GmbH, Norderstedt

Erschienen bei:
Brandie's Bibliotheksservice und Bestell-Buchhandlung
Berlin 2002

3-8311-4581-4

Vorwort der Herausgeberin

Langjährigen Esperantisten werden Inhalte dieses Büchleins bekannt vorkommen: Die Esperanto-Reime und Zeichnungen erschienen in den Jahren 1981/82 auf der von Margret Brandenburg initiierten Kinderseite der Zeitschrift „Monato".

Die Idee zu einer Veröffentlichung gab es eigentlich schon damals – sie konnte jetzt durch die finanziell günstigen Möglichkeiten, die *„Books on Demand"* bietet, realisiert werden.

Die Übertragung ins Deutsche soll ein weiteres Publikum erschließen und auch Kindern aus Esperanto-sprechenden Familien, die diese Sprache selbst nicht beherrschen, einen Zugang dazu öffnen. Eine wörtliche Übersetzung der Reime war nicht immer möglich, jedoch wurde versucht, möglichst dicht am Originaltext zu bleiben.

Letztlich ist die Realisierung des Buches ein Familienprodukt geworden – es soll aber auch eine Erinnerung daran sein, wie viele verborgene Talente in uns allen stecken.

Besonderer Dank geht an Stefan Maul für die Erlaubnis der Veröffentlichung des ABCs und an Hermann Behrmann für die Freigabe von „Esperanto im Fluge".

Barbara Brandenburg
November 2002

por Anne kaj Sonja

A

por azeno

Azeno estas kara besto
kaj griza estas ĝia vesto.

Der __ __ __ __ ist ein

liebes Tier

mit grauem Fell – das

sieht man hier:

B

por Bovino

**Bovino al ni lakton donas
du kornoj ĝian kapon
kronas.**

Unsere Milch gibt uns die

__ __ __ ,

hat zwei Hörner und

macht „Muh“.

ABC de la bestoj

C

por Cigno

**Cigno sur la lago naĝas,
la infanojn ne damaĝas.**

Ein _ _ _ _ _ _

schwimmt auf dem See

herum,

den Kindern will er gar

nichts tun!

ABC de la bestoj

Ĉ

por Ĉamo

Ĉamoj sur krutaĵoj saltas,
kie montaro pleje altas.

__ __ __ __ __ __ kann man dort oft finden wo die Berge hoch sich winden.

ABC de la bestoj

D

por Delfeno

**Rapide naĝas la delfeno
kaj supren saltas ĝi
sen peno.**

Schwimmen schnell kann

der __ __ __ __ __ __ ,

springt ohne Müh’ zum

Himmel hin.

E

por Elefanto

Grandega forta elefanto,
al homoj estas ĝi
helpanto.

Der große starke

__ __ __ __ __ __ __

geht den Menschen gern

zur Hand.

ABC de la bestoj

F

por Fazano

Fazano estas birda besto
en belkolora pluma vesto.

Hier der __ __ __ __ __

zählt zu den Vögeln

und muss sein buntes

Kleid nicht bügeln.

G

por Gruo

Gruoj flugas kiel sago
bekas ranojn el la lago.

_ _ _ _ _ _ _ _

können fliegen wie ein

Pfeil

und picken Frösche –

aber heil!

ABC de la bestoj

Ĝ

por Ĝirafo

De supre klinas sin ĝirafo por manĝi herbojn kiel ŝafo.

Von oben beugt sich die

___ ___ ___ ___ ___ ___ ___

um Gras zu essen wie die

Schafe.

H

por Hundo

Hundo, kiu laŭte bojas,
foje nur elkore ĝojas.

Ein __ __ __ __ , der

heute zu laut bellt,

tut dies vielleicht, weil's

ihm gefällt.

ABS de la bestoj

Ĥ

por Ĥameleono

Ĥameleono muŝojn manĝas kaj sian haŭtkoloron ŝanĝas.

Das Fliegen fressende

__ __ __ __ __ __ __ __ __

kleidet sich gerne Ton in Ton.

I

por Igvanodonto

De igvanodonto skeleto
nur restis
la sola pruvilo, ke iam
ĝi estis.

Vom

__ __ __ __ __ __ __ __ __

blieb nur das Skelett,

vor langer Zeit war's mal

riesig und fett.

ABC de la bestoj

J

por Jaguaro

Jen jaguaro, tigra besto
kun brunmakula
pluŝovesto!

Der __ __ __ __ __ __

putzt Zähne hier,

so reinlich ist dies'

Tigertier.

ABC de la bestoj

Ĵ

por Ĵokeo

Ĉevalgalopas la ĵokeo,
falinte krias li pro veo!

Ein __ __ __ __ __ __

reitet oft von Herzen,

fällt er vom Pferd, hat er

wohl Schmerzen.

ABC de la bestoj

K

por Kamelo

Kameloj formas karavanon kaj donas la kamel-har-lanon!

In Karawanen zieh'n

__ __ __ __ __ __ –

an Wolle ihnen es nicht fehle.

ABC de la bestoj

L

por Lamo

La lamoj en la Andoj vivas,
ĝenate, homojn alsalivas.

__ __ __ __ __ , die in den Anden leben, spucken bei Ärger nie daneben!

ABC de la bestoj

M

por Muso

Muso frandas kun kuraĝo de kolbaso kaj fromaĝo.

Die __ __ __ __ schleckt häufig wie im Fieber Wurst und Käse – den noch lieber!

ABC de la bestoj

N

por Noktuo

Dumnokte flugas la noktuo,
ĝi krias laŭte: hu-hu-huo!

Wenn nachts der

_ _ _ _ _ _ _ _ _

schreit,

sind manche Menschen

nicht erfreut.

O

por Omaro

Pinĉilojn havas la omaro,
por sin defendi en la maro.

Scheren zeigt der

__ __ __ __ __ __ her

zur Verteidigung im Meer.

P

por Pingveno

Ne povas flugi la pingveno
sed naĝi kiel la delfeno.

Nie fliegend kommt der

__ __ __ __ __ __ __ ,

schwimmt dafür wie ein

Delfin.

R

por Rano

Ĉe rano finas ĉiu tago
kun laŭta kvako en la lago.

Beim __ __ __ __ __ __

beschließt sich jeder Tag

im Teich mit einem lauten

„Quak“.

ABC de la bestoj

S

por Simio

**Hom-similas la simioj,
vivas kiel familioj.**

__ __ __ __ __ sind den

Menschen ähnlich,

Familie macht sie

manchmal grämlich.

ABC de la bestoj

Ŝ

por Ŝarko

Laŭdire ŝarkoj homojn
manĝus,
per siaj dentoj akre
franĝus!

Man sagt, __ __ __ __

sei'n Menschenfresser,

mit scharfen Zähnen, fast

wie Messer!

ABC de la bestoj

T

por Testudo

**Testudo estas malrapida,
ĝia kiraso tre solida.**

Eine

_ _ _ _ _ _ _ _ _

_ _

ist langsam zwar,

doch krümmt ihr niemand

je ein Haar.

U

por Urso

Brun-urso havas molan felon,
volonte frandas ĝi mielon.

Der

_ _ _ _ _ _ _ _

hat ein weiches Fell,

isst gern Honig – und

zwar schnell!

Ŭ

por Ŭoniklo

Aspektas stranga la
ŭoniklo,
ĝi povas rajdi per biciklo.

Das _ _ _ _ _ _ _ _ _,

das gibt es nicht,

fährt Fahrrad nur für dies'

Gedicht.

V

por Vulpo

**La vulpo murdas
korto-bestojn,
postlasas nur la
plumo-vestojn.**

Der _ _ _ _ _ jagt

gern das Hofgetier,

zurück bleibt nur die

Federzier.

ABS de la bestoj

Z

por Zebro

La zebro estas fama besto
pro sia nigre-blanka vesto.

Des __ __ __ __ __s Fell

ist schwarz und weiß,

es dreht sich gerne auch

im Kreis.

ABC de la bestoj

Serĉataj germanaj vortoj laŭ nombro de literoj:

Kuh

Esel
Hund
Maus
Haie

Fasan
Lamas
Affen
Fuchs

Zebra

Schwan
Gemsen
Delfin
Jaguar
Jockey
Kamele
Hummer
Frosch
Unikum

Elefant
Giraffe

Pinguin

Kraniche
Braunbär

Chamäleon
Iguanodon
Steinkauz

Schildkröte

ESPERANTO IM FLUGE

Genehmigter Abdruck einer Info-Broschüre des
ESPERANTO-CENTRO Rheinstrasse 9 D 12159 Berlin
Tel. /Fax 030-85961383

Dort ist auch ein Lehrprogramm für den Selbstunterricht erhältlich:
Hermann Behrmann: ESPERANTO PROGRAMITA
Garantie: Der Inhalt des folgenden Artikels genügt, um mit Hilfe eines Wörterbuchs* sofort Esperanto-Texte zu verfassen!

Esperanto im Fluge

Die AUSSPRACHE von Esperanto bietet keine Schwierigkeiten. Es gibt nur eine einzige Betonungsregel: mehrsilbige Wörter haben den Ton auf der vorletzten Silbe. Nebeneinanderstehende Laute spricht man immer getrennt: s-porto, s-tudento, bi-ero = Bier. Einige Buchstaben weichen von der deutschen Aussprache ab: s ist immer scharf: kisi = küssen, sinjoro = Herr; ein z dagegen wird wie ein weiches s gesprochen (gesummt): rozo = Rose, zorgi = sorgen; v ist das deutsche w (das es als Buchstabe im Esperanto gar nicht gibt): verando, havi = haben; c wird stets wie in cigaro = Zigarre gesprochen, also auch in princo = Fürst, placo = Platz usw.

Auch die RECHTSCHREIBUNG ist vereinfacht: alles wird geschrieben wie gesprochen. Es gilt die gemäßigte Kleinschreibung: Großschreibung nur am Satzanfang und in Eigennamen, also teatro, grafologo, haro = Haar, hela = hell, paki = packen, kafo = Kaffee.

Nun zur SPRACHLEHRE, deren Regeln keine Ausnahmen kennen!

Alle HAUPTWÖRTER enden auf -o: tablo = Tisch, alle EIGENSCHAFTSWÖRTER auf -a: bona = gut, alle ZEITWÖRTER in der Grundform auf -i: ami = lieben. Statt der drei GESCHLECHTSWÖRTER (der, die, das) hat das Esperanto nur ein einziges: la, z. B. la tago, la minuto, la jaro. --- Das unbestimmte Geschlechtswort (ein, eine) fällt weg: tablo = (ein) Tisch, strato = (eine) Straße, eleganta auto = ein elegantes Auto.

(Einschub: Beim Wort "auto" ist anzumerken, dass man es in dieser Schreibweise mit getrennten Vokalen sprechen müsste. Der Esperantist hat daher für diesen Doppellaut folgende Regelung: über das u gehört ein u-Bogen, so wie in der alten sog. deutschen Schrift. Da spielt der Editor nicht mit, wenn man die Texte portabel halten möchte. In gedruckten Texten behilft man sich mit der Schreibweise: auxto oder awto. Man kann es auch einfach "übersehen", denn die Wörter mit getrenntem a-u sind nicht häufig; man merkt, wenn man es mit einem zu tun hat.)

In der MEHRZAHL wird an Haupt- und Eigenschaftswörter ein j angehängt. Man spricht -oj wie das eu in Efeu und -aj wie in Mai, z. B. la tabloj = die Tische, vortoj = Wörter, bonaj cigaroj = gute Zigarren.

Die Bildung der vier FÄLLE ergibt sich ohne weiteres aus folgender Übersicht:

la ronda tablo --- der runde Tisch
de la ronda tablo --- des runden Tisches
al la ronda tablo --- dem runden Tisch
la rondan tablon --- den runden Tisch

la floroj --- die Blumen
de la floroj --- der Blumen
al la floroj --- den Blumen
la florojn --- die Blumen

Der 4. Fall ermöglicht im Esperanto freie Wortstellung ohne besondere Regeln! Auch die Lehre vom ZEITWORT ist einfach. "Unregelmäßige Verben" gibt es nicht! Drei Endungen genügen für die drei Hauptzeiten aller Tätigkeitswörter: GEGENWART -as: mi amas = ich liebe, vi amas = du liebst usw.; VERGANGENHEIT -is: mi amis = ich liebte usw.; ZUKUNFT -os: mi amos = ich werde lieben usw.

In ähnlicher Weise bildet man die BEDINGUNGSFORM auf -us: mi lernus = ich würde lernen, vi havus = du würdest haben, du hättest. --- Die BEFEHLSFORM endet auf -u: lernu! = lerne, lernt, aber auch: mi lernu = ich soll lernen.

Selbst das unregelmäßigste aller deutschen Zeitwörter (sein = esti) geht nach derselben Regel: mi estas = ich bin, vi estas = du bist, li estas = er ist usw.; mi estis = ich war; mi estos = ich werde sein; mi estus = ich wäre, ich würde sein; estu = sei, seid!

Das Wörtchen "zu" vor der Grundform fällt weg: mi forgesis lerni = ich vergaß zu lernen. --- Bei der Verneinung tritt ne (= nicht) vor das Zeitwort: mi ne trinkas = ich trinke nicht.

Dann gibt es noch drei Buchstaben mit einem Dach darüber. *(Das ist wieder ein Portabilitäts- Problem: man kann sich mit einem Apostroph oder mit einem x behelfen, notfalls auch das Dach vor oder hinter den Buchstaben setzen: 's, sx, ^s, s^. Beispiele: 's = sch: 'safo, fi'so; 'c = tsch: 'cambro = Zimmer, ri'ca = reich; 'g = weiches dsch wie in Dschungel: 'gentila = höflich, lo'gi = wohnen.)*

Hier noch einmal alle Sonderzeichen auf einen Blick:

cx = ĉ	jx = ĵ
gx = ĝ	sx = ŝ
hx = ĥ	ux = ŭ

Von den persönlichen FÜRWÖRTERN kennen wir schon: mi = ich, vi = du (Sie). Dann folgen: li = er, ŝi = sie, ĝi = es. Li und ŝi gelten nur für Personen; für Sachen und Begriffe steht immer ĝi, z. B. la tablo, ĝi estas ronda = der Tisch, er ist rund; la strato, ĝi estas longa = die Straße, sie ist lang --- man braucht also keine "Geschlechter" der Dinge zu lernen! --- Dann die Fürwörter der Mehrzahl: ni = wir, vi = ihr, ili = sie, --- oni = man. Die Fälle werden wie beim Hauptwort gebildet: al mi = mir, min = mich.

Auf einfachste Weise leitet man aus den persönlichen die BESITZFÜRWÖRTER ab: durch Anhängen von a, also mia = mein, via = dein, lia = sein usw. Mia libro = mein Buch, miaj libroj = meine Bücher, mi havas vian libron = ich habe dein Buch. Von si = sich leitet man ab: sia = sein, ihr. Sia bezieht sich immer auf den Satzgegenstand: li amas sian filon = er liebt seinen (eigenen) Sohn, aber: li amas lian filon = er liebt seinen Sohn (den eines anderen).

Eine Wortart, die in vielen Sprachen besondere Schwierigkeiten bereitet, sind die VERHÄLTNISWÖRTER. Auch ihre Anwendung ist im Esperanto vereinfacht: sie haben alle eine klar umrissene Bedeutung, und sie stehen mit dem 1. Fall, z. B. en la parko = in dem Park, sur la strato = auf der Straße, por la patro = für den Vater. In Zweifelsfällen gebraucht man das unbestimmte "je": je miaj kostoj = auf meine Kosten, je mia bedaŭro = zu meinem Bedauern. --- Wie im Deutschen bezeichnet man nach örtlichen Verhältniswörtern die Richtung durch den 4. Fall: en la parkon = in den Park, sur la straton = auf die Straße. --- Nach MENGENANGABEN steht das Wörtchen "da": funto da kafo = ein Pfund Kaffee, glaso da vino = ein Glas Wein.

Das ZAHLENSYSTEM: unu 1, du 2, tri 3, kvar 4, kvin 5, ses 6, sep 7, ok 8, naŭ 9, dek 10; cent 100, mil 1000. Daraus bildet man alle weiteren Zahlen nach der Reihenfolge der Ziffern: dek-unu 11, dek-du 12; dudek 20, tridek 30; kvarcent 400; kvinmil 5000; mil-naŭcent-naŭdek-ses 1996. --- Durch Anhängen von -a erhält man: unua = erster, dua = zweiter usw. Die Endung -e ergibt: unue = erstens, due = zweitens usw. Zahlhauptwörter enden auf -o: deko = Zehner, dekduo = Dutzend; miliono = Million usw. Bruchzahlen bilden wir mit der Nachsilbe -on: duono = Hälfte, duona = halb, tri kvaronoj = drei Viertel.

Wir kommen zurück zum Eigenschaftswort. Die STEIGERUNG erfolgt durch Vorsetzen von pli = mehr und plej = meist. Mi estas pli granda ol vi = ich bin größer als du; ŝi estas la plej bela el la infanoj = sie ist die schönste unter (von) den Kindern. Das vom Eigenschaftswort abgeleitete UMSTANDSWORT hat, ähnlich wie in anderen Sprachen, eine eigene Endung: -e. Vergleiche:

Eva estas bela = Eva ist schön (Eigenschaft).
Eva kantas bele = Eva singt schön (Umstandswort, gehört zum Zeitwort).

Das Umstandswort steht auch in "unpersönlichen Ausdrücken", z. B. es ist warm = estas varme. Dieses bedeutungslose "es" fällt immer weg: pluvas = es regnet; ŝajnas, ke = es scheint, dass ...

In vielen Sprachen spielen die MITTELWÖRTER eine große Rolle, auch im Esperanto. Beispiele: liebend = amanta, rauchend = fumanta. Man kann das Mittelwort auch in die Vergangenheit und Zukunft setzen: aminta = liebend gewesen, amonta = liebend werdend. --- Ebenso ist es in der Leideform: fumata = (jetzt) geraucht, fumita = geraucht worden, fumota = (künftig) geraucht.

Mit diesen Mittelwörtern und dem Hilfszeitwort esti = sein bildet man die ZUSAMMENGESETZTEN ZEITEN, z. B. mi estas falinta = ich bin gefallen, mi estis falinta = ich war gefallen usw.; in der Leideform heißt es: mi estas amata = ich werde geliebt, mi estis amata = ich wurde geliebt; mi estas amita = ich bin geliebt worden, mi estis amita = ich war geliebt worden.

(Einschub: diese etwas komplizierteren Konstruktionen werden in der Sprechpraxis so gut wie gar nicht benötigt!)

Nachzutragen wären noch einige Bemerkungen zum 4. Fall und über die Fragesätze:

Wie im Deutschen steht der 4. Fall auch bei ZEIT-, MASS- UND PREISANGABEN: letzten Sonnabend = lastan sabaton; der Koffer wiegt einen Zentner = la kofro pezas unu funtocenton; das kostete nur einen Dollar = tio kostis nur unu dolaron. --- Der 4. Fall darf auch statt des 3. Falles gesetzt werden (wenn das Zeitwort nicht schon einen 4. Fall bei sich hat): ich danke dir = mi dankas al vi (3. Fall) = mi dankas vin (4. Fall).

FRAGESÄTZE, die ohne Fragewort beginnen, werden mit ĉu = ob eingeleitet. Die gewöhnliche Wortfolge ändert sich dabei nicht, z. B.: Ĉu la aŭto haltas? = Hält das Auto? Jes = ja! Ĉu vi fumas? = Rauchen Sie? Ne = nein!

Erwähnt seien auch die Laute ĥ = ch wie in "ach": jaĥto = Jacht; eŭ (mit u-Bogen) = eŭ: neŭtrala, sowie ĵ = weiches sch: ĵurnalo.

Ersichtlich schöpft Esperanto weitgehend aus dem bekannten internationalen Wortvorrat und erleichtert dadurch das Lernen. Dasselbe Ziel verfolgt die WORTBILDUNG. So kann man durch bloßen Austausch der Endungen aus einem Wort weitere ableiten: koro = Herz, kora = herzlich; saluti = grüßen, saluto = Gruß; telefono = Telefon, telefona = telefonisch, telefoni = telefonieren.

Auch lassen sich wie im Deutschen ohne weiteres Zusammensetzungen bilden, z. B. kafotaso, je nach Wohlklang mit oder ohne Endung des ersten Teils: bierglaso, skribmaŝino, oder bei viel zu langen Wörtern durch Adjektivierung des ersten Teils: universitata profesoro = Universitätsprofessor.

Schließlich können durch Vor- und Nachsilben unzählige abgeleitete Wörter völlig regelmäßig gebildet werden. So bildet die Vorsilbe mal- das Gegenteil (das halbiert insbesondere die Menge der Adjektive in Esperanto): hela = hell, malhela = dunkel;

ami = lieben, malami = hassen; malamiko = Feind usw. Die Nachsilbe -in- (plus Endung -o selbstverständlich) bezeichnet das weibliche Geschlecht: reĝo = König, reĝino = Königin; filo kaj filino = Sohn und Tochter.

Es ist sogar zu einer für Deutsche bemerkenswerten Bildung rückwärts gekommen (mit fast feministischem Einschlag): das Wort für "eine junge Frau" ist "fraŭlino" (mit u-Bogen, natürlich verwandt mit dem deutschen "Fräulein"), das Wort für Junggeselle ist dann logischerweise: fraŭlo!

Der Einschub -et- schwächt die Begriffe ab: strato = Straße, strateto = Gasse; varma, varmeta = lauwarm usw.; -ar- bezeichnet Ansammlungen: arbo = Baum, arbaro = Wald; monto = Berg, montaro = Gebirge; -ig- bedeutet soviel wie "machen": pura = rein, purigi = reinigen; klara = klar, klarigi = erklären usw. Esperanto besitzt 40 solcher Wortbildungssilben, mit denen man Tausende von Wörtern bilden kann, ohne sie besonders lernen zu müssen.

*) empfehlenswertes Wörterbuch für Einsteiger:

Erich-Dieter Krause: *Kompaktwörterbuch Esperanto. Esperanto-Deutsch; Deutsch-Esperanto.*
Langenscheidt 1995. ISBN 3-324-00607-4

(Helmut Lasarcyk homepage / February 2000)

Fino